4 왕눈이 분식, 떡볶이를 수출하다!

글 양화당

햇살 좋은 사무실에서 어린이책을 기획하고 집필하는 일을 하고 있습니다.
어린이들이 재미있게 읽으면서도 마음의 양식으로 삼을 수 있는 따뜻하고
영양가 있는 책을 많이 쓰고 만드는 게 꿈이랍니다. 쓴 책으로는
<새콤달콤 열 단어 과학 캔디> 시리즈와 <보글보글 열 단어 한국사 라면> 시리즈,
『신비아파트 공부 귀신 1. 발명품이 사라졌다!』 등이 있습니다.

그림 허현경

고양이 쥰이와 젠과 살고 있습니다. 그림이 좋아서 일러스트레이터로 활동하며
어린이책과 잡지에 다양한 그림을 그리고 있습니다.
그린 책으로는 『오디세우스의 모험 일지』, 『야옹 의사의 몸 튼튼 비법 노트』,
『더 좋은 세상을 만든 착한 발명』, 『오늘부터 공부 파업』 등이 있습니다.

K탐정의 척척척 대한민국 4
왕눈이 분식, 떡볶이를 수출하다!

초판 1쇄 발행 2023년 6월 27일 | 초판 6쇄 발행 2025년 6월 2일
글 양화당 | 그림 허현경

발행인 윤승현 | 편집장 안경숙 | 편집관리 심다혜 | 편집 송미영 | 디자인 아이디스퀘어
마케팅 정지운, 박현아, 원숙영, 김지윤, 황지영 | 제작 신홍섭

펴낸곳 (주)웅진씽크빅 | 주소 경기도 파주시 회동길 20 (우)10881
문의 전화 031)956-7523(편집), 031)956-7569, 7570(마케팅)
홈페이지 www.wjjunior.co.kr | 블로그 blog.naver.com/wj_junior
트위터 @new_wjjr | 인스타그램 @woongjin_junior
출판신고 1980년 3월 29일 제406-2007-00046호 | 제조국 대한민국 | 사용연령 7세 이상

글 ⓒ 양화당, 2023 | 그림 ⓒ 허현경, 2023
저작권자와 맺은 특약에 따라 검인을 생략합니다.

ISBN 978-89-01-26890-3 74300 · 978-89-01-25830-0(세트)
•잘못 만들어진 책은 바꾸어드립니다.

웅진주니어는 (주)웅진씽크빅의 유아·아동·청소년 도서 브랜드입니다.
저작권법에 의해 한국 내에서 보호를 받는 저작물이므로 무단 전재와 무단 복제를 금지하며,
이 책 내용의 전부 또는 일부를 이용하려면 반드시 저작권사와 (주)웅진씽크빅의 서면 동의를 받아야 합니다.

⚠️주의
1. 책 모서리가 날카로워 다칠 수 있으니 사람을 향해 던지거나 떨어뜨리지 마십시오. 2. 보관 시 직사광선이나 습기 찬 곳은 피해 주십시오.

K탐정의 척척척 대한민국

양화당 글 | 허현경 그림

4 왕눈이 분식, 떡볶이를 수출하다!

웅진주니어

K탐정 프로필

나이: 13세
학력: 어린이 탐정학교 수석 졸업
장래 희망: 셜록 홈스를 뛰어넘는 명탐정
특기: 최소한의 실마리로 사건 해결하기
취미: 사람 관찰하기

어느 날 난 할아버지 댁 벽장에서 오래된 갓을 발견했어.
갓을 머리에 쓰자 갑자기 아이큐 급상승!
난 새로운 능력을 좋은 데에 쓰기 위해
탐정 사무소를 열었어. 앞으로 나를 대한민국
대표 탐정이라는 뜻으로 K탐정이라고 불러 줘.

등장인물

왕칠칠
왕까칠의 아들.
똑똑하지는 않지만,
착하고 순진한 편.
'아버지 목표가 내 목표'라며
아버지를 잘 따르나, 짠돌이
기질은 물려받지 않음.

왕까칠
'왕눈이 분식'의 사장.
짠돌이라는 소문이 자자함.
왕눈이 분식을 이웃 가게
'손큰할머니 김밥'처럼
키우는 게 목표. 옆에는
항상 '왕눈이'라는 강아지가
따라다님.

폴
무역 회사를 운영하는
미국인 사업가.
세계 여러 나라의
음식을 수입하는 일을 함.
외모는 격투기 선수처럼
우락부락하지만, 약속을
찰떡같이 잘 지키는 신사.

라이어
세계적인 사기꾼.
사람 속이는 일을 잘함.

제임스

한국을 사랑하는 미국인 여행 가이드.
나서길 좋아하고 모든 일에 의욕이 넘침.
한국 음식을 잘 먹는데, 특히 떡볶이를 좋아해서
'떡볶이를 사랑하는 외국인 모임'에서 회장을 맡고 있음.
떡볶이가 맛있는 집은 어디라도 찾아감.

한사랑

제임스의 아내. 현명하고 차분함.
의욕 과다 제임스를 말리느라
머리가 아픔. 하지만 평소에는
사이좋은 부부.

살라

제임스와 한사랑의 딸.
금발에 어울리는 예쁜 원피스를
좋아하는 공주병 여자아이.
매운 건 딱 질색. 맨날 분식집
투어만 하는 아빠가 이해 안 됨.

팔라

제임스와 한사랑의 아들.
외모는 엄마, 입맛은 아빠를 닮음.
아빠를 따라 분식집 투어가 취미.
나중에 요리사가 되는 게 꿈.

오 마이 갓 백과 　수입이란? ·17
K탐정의 세계 탐구 　우리가 쓰는 물건은 어디서 올까? ·22

오 마이 갓 백과 　수출이란? ·29
K탐정의 세계 탐구 　세계에서 수출을 많이 하는 나라는? ·36

오 마이 갓 백과 　국제 박람회란? ·43
K탐정의 세계 탐구
파리 만국 박람회에 세워진 철탑 ·48

4장
무역 회사는 뭘 해?
50

오 마이 갓 백과 무역 회사란? ·57

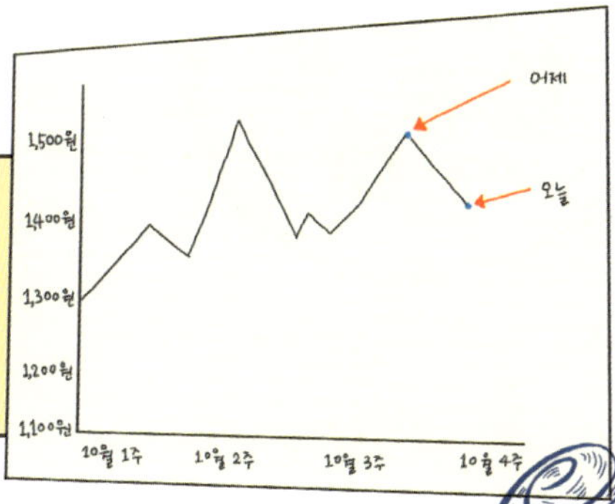

5장
환율이 달라졌어?
68

오 마이 갓 백과 환율이란? ·73
K탐정의 세계 탐구 세계의 이런저런 화폐 이야기 ·78

6장
떡볶이를 직구 한다고?
80

오 마이 갓 백과 해외 직구란? ·85
K탐정의 세계 탐구
세계 최대의 온라인 쇼핑몰, 아마존 ·90

7장
무역 분쟁, 비켜!
92

오 마이 갓 백과 무역 분쟁이란? ·98
K탐정의 세계 탐구
공정하게 무역하자고? ·104

1장
수입을 왜 해?

야호! 암호라고?

탐정이라면 암호 풀이쯤이야 식은 죽 먹기지.

그건 아주 쉽다는 걸 비유해서 한 말이라고.

어서 암호를 보여 줘.

이건 너무 쉬운걸!
아래의 '구멍을 덮어라!'가 바로 힌트야.
'구'와 '멍'을 가리고 읽어 볼까?

꿀 2 마늘 5?

꿀 2스푼 마늘 5스푼을 넣으라는 건가 봐. 떡볶이 요리 비법인가 본데?

와우, 우리도 비법이 생겼다! 떡볶이 재료 사러 Go! Go!

왕까칠과 왕칠칠은 신이 나서 가게로 향했어.

어디 가세요?

랄랄라, 우리도 대박집 될 거야.

몰라도 돼!

떡볶이 만들게 떡 많이 주세요!

한 팩에 만 원이에요.

뭐라고? 5천 원 아니고?

가격 오른 지가 언젠데.

수입 밀가루값이 올랐잖아요.

수입이라니요?

오 마이 갓! 왕칠칠에게 **수입**이 뭔지 빨리 알려 줘.

그렇지 않아. 수입을 해야 우리나라 경제도 좋아져.

하지만 수입에만 의존하면 안 되는 게 있어.
바로 우리 생활에 없어서는 안 되는 먹거리인 농산물이야.
만약 농산물을 파는 나라가 맘대로 가격을 올리면,
우린 비싼 값이라도 어쩔 수 없이 사야 하거든.

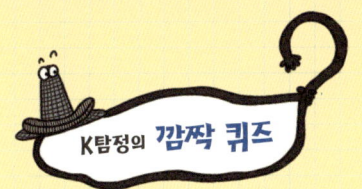

사람도 수입한다고?

NO 사람은 수입할 수 없지만, 사람이 가진 기술이나 지식은 수입할 수 있어. 2002년 월드컵 축구 대회 때 네덜란드에서 온 히딩크 감독은 우리나라가 4강까지 오르는 데 큰 역할을 했지. 그때 우리나라가 수입한 건 히딩크 감독이 대표 팀에게 가르친 축구 기술이야.

조선 시대에는 통역사가 수입을 담당했어?

 조선 시대 통역사인 역관은 사신을 따라 중국이나 일본에 자주 나갈 수 있었지. 그때마다 인삼 등을 가져가 팔고, 고급 비단이나 장신구를 수입해 와 아주 비싸게 팔았어. 그래서 역관의 신분은 양반 아래인 중인이었지만, 조선 시대 최대 갑부는 역관이란 말이 생겼대.

우리가 쓰는 물건은 어디서 올까?

우리나라는 세계에서 수입을 많이 하는 나라 10위 안에 들어.
어떤 나라에서 무엇을 수입하는지 알아볼까?

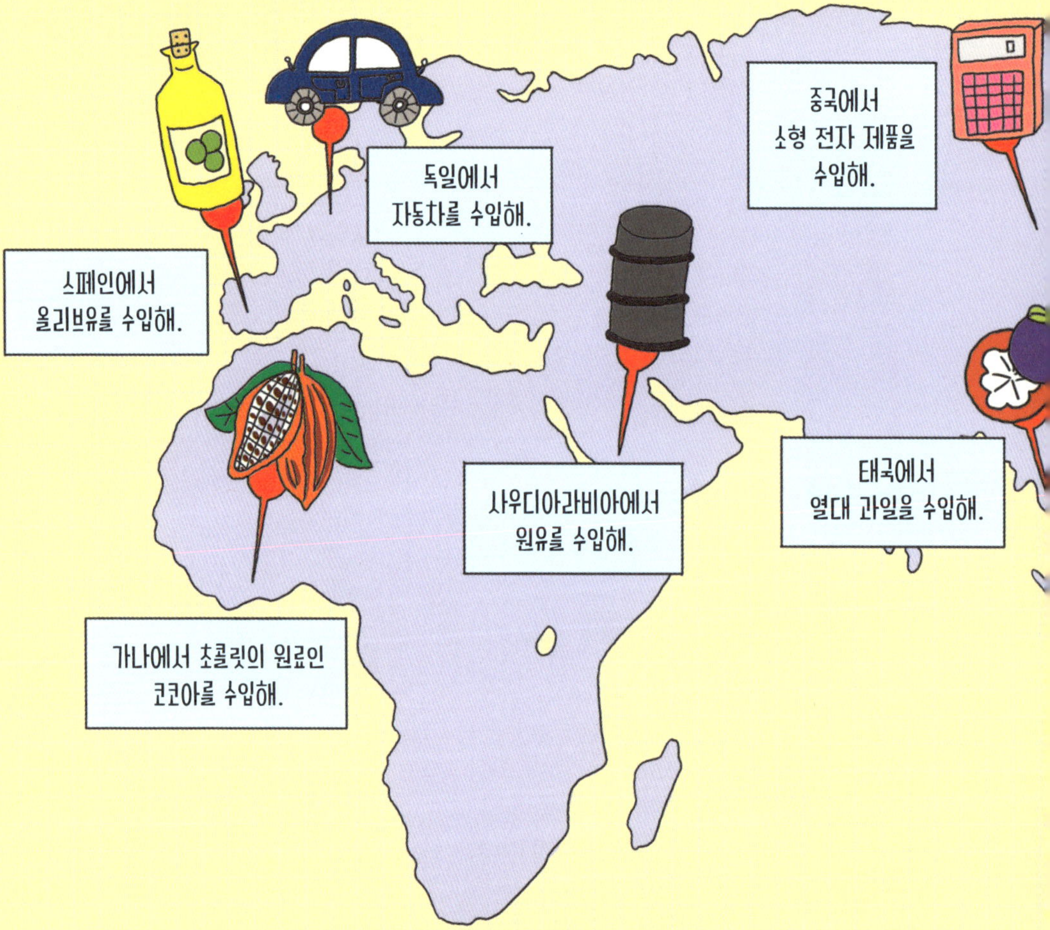

- 스페인에서 올리브유를 수입해.
- 독일에서 자동차를 수입해.
- 중국에서 소형 전자 제품을 수입해.
- 사우디아라비아에서 원유를 수입해.
- 태국에서 열대 과일을 수입해.
- 가나에서 초콜릿의 원료인 코코아를 수입해.

먹을 땐 개도 안 건드린다는데 무슨 일이야?

음, 이 정도 맛이면 수출해도 되겠어.
떡볶이의 정체성인 매콤한 맛을 잃지 않으면서,
달콤함과 튀긴 마늘의 고소함까지 있다니.
정말 대단해!
참, 수출이 뭔지 궁금하다고 했지?
수출은 수입의 반대말이야.

우리나라는 세계에서 10위 안에 드는 수출국이야.
무얼 수출하는지 볼까?

항공기, 자동차에 넣는 기름

플라스틱 제품을 만드는 합성수지

철강 제품

수입한 원유와 재료로 새로운 제품을 만들어서 수출해.

한류 짱!

k-Movie 영화

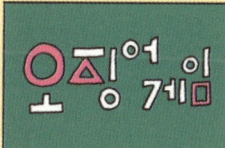
오징어게임 드라마

K-팝

문화 콘텐츠 수출이 점점 늘고 있어. 요즘은 한류가 대세잖아.

우리나라가 처음부터 수출을 많이 했던 건 아니야. 예전에는 자동차 한 대 수출하기도 힘들었거든. 그 이야기를 들어 볼래?

정말 그럴까? 이걸 보면 생각이 달라질걸.

그뿐만 아니야. 수출은 물건을 팔아 돈을 버는 거니까, 개인도 나라도 부자가 되는 거지.

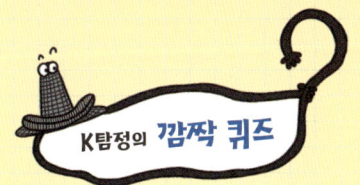

K탐정의 깜짝 퀴즈

우리 가발이 세계 수출 1위였다고?

YES 우리나라는 1960~70년대에 가발을 만들어 수출했어. 일일이 손으로 만든 가발은 품질이 좋고 오래 쓸 수 있어서 세계에서 인기가 많았지. 그때만 해도 '가발' 하면 '코리아'를 떠올렸대.

우리 제품을 외국에서 만들어 팔면, 수출이 아니야?

NO 수출이야. 우리나라의 많은 기업이 임금이 낮은 외국에 공장을 짓고 물건을 생산해. 더 싼 값에 물건을 만들기 위해서지. 이처럼 외국에서 물건을 만들고, 바로 외국에 팔아도 수출이야.

K탐정의 세계 탐구

세계에서 수출을 많이 하는 나라는?

세계 여러 나라는 수출을 통해 나라 경제를 발전시키지.
어느 나라가 무엇을 많이 수출하는지 알아볼까?

대한민국은 6위야. 대단하지?

최고!

7 자동차, 의약품을 수출해.

6 반도체, 자동차를 수출해.

5 자동차, 철강 제품을 수출해.

이탈리아 6,570억 달러

대한민국 6,835억 달러

일본 7,467억 달러

3장
박람회가 뭐야?

떡볶이를 들고 수출하러 간다고?
그것도 미국으로? 끌끌!
외국으로 나가지 않고도 수출하는 방법이 있어.
국제 박람회에 나가는 거야.

지금처럼 떡볶이를 팔기 위해
여러 나라를 직접 돌아다닌다고 생각해 봐.

그럼, 힘도 들고 시간도 오래 걸릴 거야.
그 대신 전 세계의 물건을 한데 모아 놓고
선보이는 자리에서 팔면 편하겠지?

그래서 생긴 게 바로 국제 박람회야.
국제 박람회는 같은 종류의 제품끼리 모아서 열려.

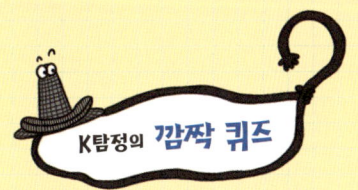

조선 시대 사람들도 국제 박람회에 참가했다고?

YES 우리나라가 처음 국제 박람회에 참가한 건 1893년 시카고 국제 박람회였어. 이때 우리나라는 조선관을 만들어 갓, 나전 칠기, 대포 등을 전시해 놓고 악공들에게 궁중 음악을 연주하게 하여 조선의 문화를 알렸어.

콜라 자판기가 박람회에서 처음 선보였다고?

콜라는 국제 박람회 인기 음료였어. 하지만 주문받으면 그 자리에서 직접 만들어 파느라 시간이 오래 걸렸지. 1933년 시카고 국제 박람회에서는 버튼만 누르면 콜라가 바로 나오는 자판기를 설치했어. 자판기 덕분에 박람회 6개월 동안 콜라가 650만 잔이나 팔렸대.

파리 만국 박람회에 세워진 철탑

파리의 유명한 에펠 탑이 국제 박람회를 위해 세워진 거 아니?
그때 이야기를 들려줄게.

4장

무역 회사는 뭘 해?

쩝, 모처럼 재미있게 구경하고 있었는데.
하지만 탐정으로서 도움을 거절할 순 없지.

이 중에 사기꾼 라이어가 있을까 봐 걱정된다는 거지?
먼저 두 사람이 들고 온 명함을 살펴볼까?

무역 회사에서 수입, 수출하는 물건은 아주 다양해.
우리가 입고, 쓰고, 먹는 물건이 모두 무역품이 될 수 있지.
무역 회사에서 실제로 무역을 어떻게 하는지 살펴볼까?

무역 회사는 사실 아주 오래전부터 있었어.
통일 신라 때의 장보고 장군도 오늘날로 따지면
무역 회사 사장이었지.

무역 회사에 대해서 제대로 알았으니까,
이제 본격적으로 계약을 진행해 볼까?
계약할 때는 물건의 가격이나 개수 등 여러 가지
조건을 꼼꼼히 따져야 해.

세계 여러 나라마다 사용하는 돈이
서로 다르다는 건 알고 있지?
그런데 사람들은 다른 나라와 거래할 때 안전하고
믿을 만한 돈을 받고 싶어 해.

그래서 다른 나라와 거래할 때는
미국 달러를 사용하는 경우가 많아.
미국 달러가 제일 믿을 만한 돈이라고 생각하거든.

K탐정의 깜짝 퀴즈

아메리카 대륙을 발견한 게 무역 때문이야?

여기가 인도? 너 누구니?

YES

유럽 사람들은 인도 부근에서 나는 후추를 많이 수입해서 썼어. 그런데 유럽에서 인도로 가는 무역로가 위험해져서 새로운 길을 찾기 시작했지. 이탈리아의 콜럼버스도 인도로 가는 새로운 무역로를 찾다가 지금의 아메리카 대륙에 도착하게 된 거야.

보물섬이 정말로 있어?

안 가르쳐 주지.

YES

해적 선장 로버트 키드는 무역선을 털어 어마어마한 보물을 얻었어. 그리고 이걸 세계 곳곳에 숨겨 두었다고 해. 키드가 죽은 뒤 미국 뉴욕 부근 섬에서 그가 묻어 둔 금화가 실제로 발견되었어. 하지만 나머지 보물의 위치는 아직 아무도 몰라.

오늘은 특이하게 은행에서 부르는군.
계약서도 제대로 썼고, 계약금도 약속대로 들어왔는데
또 무슨 문제가 있어?

아하, 뭐가 문젠지 바로 감이 오는군.
이건 바로 환율 때문이야.

우리나라 돈을 다른 나라 돈으로 바꾸거나
다른 나라 돈을 우리나라 돈으로 바꿀 때
기준으로 삼는 게 바로 환율이야.
오늘 환율을 알아볼까?

나라	돈의 단위	우리 돈과 바꿀 때
미국	1달러	1,400원
일본	100엔	987원
유럽 연합	1유로	1,423원
중국	1위안	200원
영국	1파운드	1,64

*2022년 상반기 기준

나라마다 환율이 이렇게 다 다르다니! 머리 아파서 수출도 못 하겠네!

하하하, 더 머리 아프게 해 줄까?
같은 나라라고 해도 환율은 매일 바뀌어.
경제 상황에 영향을 받거든.
그래서 수출할 때 물건값으로 받은 돈이
환율 때문에 이익을 보거나 손해를 볼 수 있어.

환율이 떨어져서 좋은 점도 있어.
수입할 때는 환율이 낮은 편이 유리할 수 있거든.

환율은 너무 올라가거나 떨어지는 것보다
안정적인 것이 좋아.

환율을 알려 주는 음식이 있어?

러시아 1.74달러 대한민국 3.82달러 미국 5.81달러 스위스 6.98달러

*2022년 상반기 기준

YES 맥도날드의 빅맥 햄버거는 세계 대부분의 나라에서 팔아. 그래서 빅맥 가격을 비교하면 그 나라의 환율과 물가를 짐작할 수 있지. 이걸 빅맥 지수라고 불러. 이 지수가 높은 나라는 환율과 물가가 높아.

쓰고 남은 외국 동전은 우리 돈으로 환전 못 해?

NO 외국 동전도 환전할 수 있어. 하지만 동전을 은행에 가져가면 원래 가치의 절반에 해당하는 돈만 받을 수 있어. 제값을 받고 환전하고 싶으면 동전만 바꾸어 주는 전용 키오스크를 찾아서 이용하면 돼.

세계의 이런저런 화폐 이야기

다른 나라에서는 어떤 화폐를 사용하고 있을까?
또 화폐에는 어떤 이야기가 숨어 있을까?

가짜 지폐가 많은 위안화

중국의 화폐 단위는 '위안'이야.
위안화 지폐에는 모두 중국의 지도자
마오쩌둥의 초상화가 그려져 있어.
그런데 위안화를 받으면 꼼꼼히
살펴봐야 해. 몰래 찍어 낸 가짜 지폐가
너무너무 많거든.

세계에서 가장 많이 사용되는 달러화

'달러'는 미국에서만 쓰는 화폐 단위라고
알고 있는 사람이 많아. 하지만 달러는
타이완, 싱가포르, 캐나다, 자메이카,
오스트레일리아 등 20개 나라에서
사용하는 화폐 단위야. 그래서 서로
구별하기 위해 미국 달러, 싱가포르 달러 등
나라 이름을 붙여서 불러.

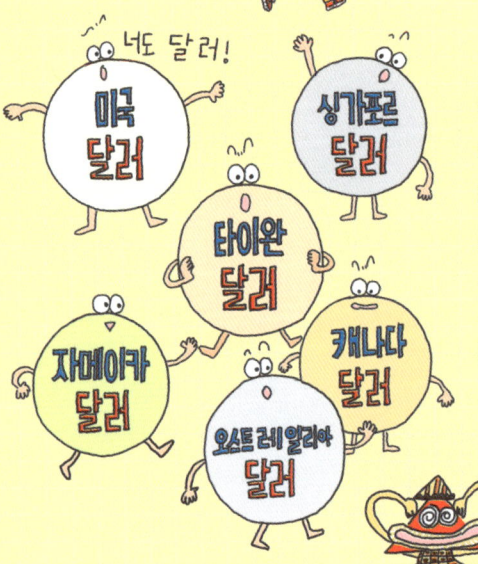

유럽 연합의 공통 화폐, 유로화

1993년 결성된 유럽 연합의 화폐야.
프랑스, 이탈리아 등 유럽 연합에 속한
나라들은 모두 이 화폐를 사용해.
또 특정 나라의 문양을 넣는 것이 문제가 될까 봐
가상의 건축물과 다리를 화폐에 그려 넣었어.

비쌀수록 길어지는 스위스 프랑화

스위스의 화폐 단위는 '프랑'이야.
그런데 스위스 지폐는 모양이 특이해.
돈의 액수가 클수록 지폐 길이가
세로로 길어지거든. 그래서 굳이
숫자를 확인하지 않아도 모양만으로
지폐 액수를 알 수 있어.

6장
떡볶이를 직구 한다고?

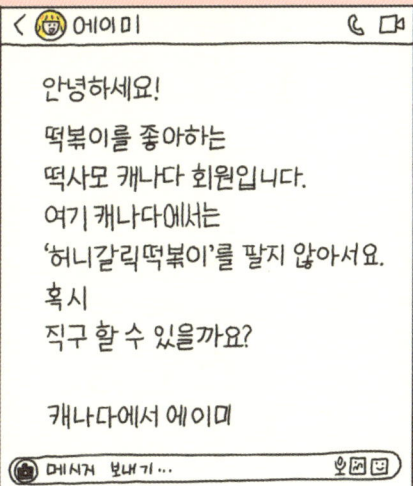

해외 직구란?

해외에서 파는 상품을 소비자가 **직접 온라인**으로 사고 **국제 배송**을 통해 받아 보는 것.

직구는 '직접 구매'의 줄임 말이야.
요즘은 인터넷을 통해 외국의 물건을 직접 살 수 있지.

이렇게 직구로 물건을 사는 것도 수입의 일종이야.
직구로 산 물건이 어떻게 내 손에 들어오는지 볼까?

왕눈이 분식도 온라인 쇼핑몰을 열면
외국 사람들이 자기 나라에서
허니갈릭떡볶이를 직구 할 수 있지.

K탐정의 깜짝 퀴즈

> 해외 직구를 하려면 번호가 필요해?

YES '개인 통관 고유 부호'가 필요해. 'p'로 시작하는 12자리 숫자로 관세청에 신청하면 받을 수 있어. 개인 통관 고유 부호가 없이 해외에서 들어오는 물건은 주인이 없는 물건으로 판단해서 돌려보내거나 폐기해.

> 해외에서 직접 물건을 사 오는 것도 수입이야?

YES 해외 여행을 하는 동안 산 물건이나 선물을 들여오는 것도 수입이야. 그래서 우리나라에 입국할 때 공항이나 항구에서 이 물건들에 대한 관세를 내야 해. 참, 800달러 이하의 물건에는 관세가 안 붙어.

세계 최대의 온라인 쇼핑몰, 아마존

요즘에는 책도 온라인을 통해 많이 사지?
세계 최초의 온라인 서점인 아마존의 이야기를 들려줄게.

미국에서 경제 투자자로 일하던 베이조스는 어느 날 한 뉴스를 접했어.

일 년 사이에 인터넷 가입자가 2,300배나 늘었습니다.

인터넷으로 물건을 팔아 볼까?

베이조스는 온라인 쇼핑몰에서 무엇을 팔지 고민하다 좋은 생각이 떠올랐어.

책을 팔자!

온라인 서점은 매장 없이도 수백만, 수천만 권의 책을 보여 줄 수 있잖아.

온라인 서점의 이름은 아마존이라고 지었어.

길고 물도 풍부한 아마존강처럼 세상에서 가장 많은 책을 파는 온라인 서점이 되는 거야. 음하하하하!

7장
무역 분쟁, 비켜!

잘나가는 왕눈이 분식에서 웬일로 나를 불렀지?

음, 그건 아니야.
수출해도 되지만, 미국산이 아니면,
세금을 높게 매기겠다는 말이지.

이렇게 되면, 세금 때문에 제품 가격이 올라가.
그럼, 허니갈릭떡볶이가 더 비싸지니까,
안 팔릴 수도 있어.

미국에서 12달러였던 떡볶이값이 20달러가 된다고?

이렇게 비싸면 누가 사냐고?

이럴 땐 나라가 나서서 해결해야 해.
하지만 서로 의견이 안 맞으면 무역 분쟁이 시작되지.

무역 분쟁이요?

오 마이 갓!
무역 분쟁에 대해 빨리 알려 줘!

무역 분쟁은 주로 자기 나라 국민의 이익을 위해
수입품에 세금을 많이 매길 때,
국민의 안전을 위해 수입을 금지할 때 생겨.
만약, 협의가 안 될 땐 세계 무역 기구에
해결해 달라고 부탁해.

우리나라와 일본 사이에 있었던 무역 분쟁 이야기를 들어 볼래?

이처럼 무역 분쟁이 잘 해결된 예도 있지만,
매번 그런 건 아니야.
대부분 해결하는 데 시간이 아주 오래 걸리고,
해결이 안 나는 경우도 있거든.

공정하게 무역하자고?

나라 사이 무역에서 공정하지 않으면, 다툼이나 문제가 발생하지?
물건을 만들고 파는 과정에서도 공정하지 않을 때 문제가 생길 수 있어.
다음 이야기를 들어 봐.

세계 축구공의 70%가 파키스탄 시알코트 인근에서 만들어져.

축구공은 오각형, 육각형 32조각을 1,620번 바느질해야 만들 수 있어.

손에 지문이 없어졌어.

이렇게 해서 축구공 1개를 만들면, 겨우 150원을 받아.

많이 주는 거야.

비싼 가죽으로 만든 축구공은 10만 원이 넘는데도 말이야.

이익금은 우리 차지!

100,000원